SE BUSCA PAREJA

Manual de conquista

Lorenzo Campins

SE BUSCA PAREJA
Manual de conquista

Lorenzo Campins

lorenzocampins.com.ve
campinslorenzo@gmail.com
twitter: @1coaching
Facebook: Lorenzo Campins

Prologo .... Pag. 5

Capítulo I

Mi historia personal .... Pag. 9

Capítulo II

Metodología de aprendizaje .... Pag. 15

Capítulo III

Ruptura .... Pag. 17

Capítulo IV

Equipaje .... Pag. 19

Capítulo V

Paradigmas .... Pag. 23

Capítulo VI

Los tres cerebros .... Pag. 33

Capítulo VII

Evolución .... Pag. 37

Capítulo VIII

Identidad .... Pag. 41

Capítulo IX

Conductas .... Pag. 45

Capítulo X

Percepción Femenina .... Pag. 59

Capítulo XI

Arquetipos .... Pag. 63

Capìtulo XII

Donde Buscar .... Pag. 67

Capítulo XIII

Estableciendo una relación. .... Pag. 69

Capítulo XIV

Manteniendo la relación .... Pag. 71

Prologo

La primera consideración que me gustaría hacer es ¿Por qué ahora necesitamos, libros, seminarios y coaches de vida para poder conseguir pareja?

Comenzaré con los cambios generados en la dinámica social a raíz de la segunda guerra mundial. Durante la guerra las mujeres suplantaron a los hombres en las líneas de producción industrial mientras estos luchaban en los conflictos bélicos. En la postguerra, las mujeres continuaron avanzando en las aéreas laborales, políticas y económicas hasta obtener los enormes logros que hoy en día las igualan a los hombres en prácticamente todos los ámbitos de la vida moderna. Aunque todo esto fue magnífico para validar las capacidades femeninas, no ha sido tan beneficioso en las relaciones afectivas ya que todos estos sucesos terminaron por desvirtuar los roles tradicionales del hombre y la mujer e inclusive las reglas que rigieron la forma en que ambos sexos se vincularon durante siglos. Súbitamente la mujer dejó de necesitar al hombre para su subsistencia, hasta tal punto que hoy día se puede lograr hasta el embarazo sin la presencia física de un hombre en el proceso.

Lógicamente todos los territorios conquistados por las mujeres en estos últimos 70 años han dejado al arquetipo del hombre tradicional totalmente desubicado. Hasta el punto que el hombre moderno no sabe muy bien qué hacer cuando se trata de conseguir pareja.

No es casualidad que las estadísticas de divorcio en el mundo occidental estén ya cerca del 60%. Además, después de una ruptura afectiva se agregan otras cargas psicológicas negativas que dificultan aun más la posibilidad de volvernos a relacionar exitosamente con el sexo opuesto.

Es importante comunicar al lector que mucha de las ideas, conceptos y técnicas presentadas en este libro son producto de un proceso de ensayo y error y lo que se conoce en psicología moderna como "conductas observadas", es decir, que han sido probadas en la vida real, una y otra vez hasta determinar su utilidad y eficiencia, sin embargo, no son absolutamente universales, a mi me funcionaron, el lector tendrá que probarlas en su propio entorno para determinar si son adecuadas para él.

También es importante aclarar, ya que este trabajo es el producto de un sincretismo realizado entre numerosos libros leídos y un proceso vivencial, habrá influencias de algunos de los autores pero todas las ideas o conceptos propuestos en el libro son propios ya que fueron adaptados por el autor de acuerdo a su experiencia personal.

Si bien la seducción masculina tuvo a lo largo de mucho siglos connotaciones negativas y aun si buscamos su definición en el diccionario notamos que es la manera de manipular a la mujer para arrebatarle su virtud, hoy en día la seducción está aceptada y considerada como una técnica mas del juego de la conquista de hombres y mujeres. Es más, actualmente es común hablar del hombre o de la mujer seductora sin que implique ningún tipo de connotación negativa. Sin embargo, este libro ha sido escrito manteniendo la ética como norte permanente y es importante aclarar que no presento aquí material ni información que pueda ni deba ser utilizado erróneamente para la obtención de placeres efímeros o propósitos innobles. Mi meta es ayudar a hombres y mujeres a relacionarse de manera mas exitosa teniendo como propósito una relación armoniosa donde prevalezca el respeto, la comunicación y el afecto.

Por ello quiero incluir aquí algunas de las convicciones que

6

me definen como persona: Ningún hombre está por encima de ninguna mujer ni viceversa. Todos somos únicos y merecemos ser tratados con respeto y dignidad. Ni los hombres ni las mujeres son trofeos, alardear de una conquista es denigrante e indigno. La relación entre hombres y mujeres debe estar signada por el equilibrio, no por la dominación.

Cada vez que pregunté a hombres y mujeres cuál era su propósito al interactuar con el sexo opuesto la respuesta más común fue: "establecer una relación estable y duradera". Esto evidencia que aunque al principio puede parecer que ambos sexos están "jugando", todos buscamos una relación significativa y trascendental para nuestras vidas. Esta fue la conclusión más evidente de todo el proceso investigativo que realicé durante los 5 años previos a escribir este libro.

Una vez que he sentado estas bases sociológicas para la necesidad de buscar ayuda en el juego de la conquista, paso a desmitificar la mayor de las mentiras en el mundo de la soltería. Se trata de la trillada frase "Se tu mismo". Eso podría funcionar en un mundo perfecto pero resulta que la realidad es otra. No importa si lo dice un hombre o una mujer, ser uno mismo cuando estás conociendo a alguien es la fórmula perfecta para el desastre. No importa cuáles sean los argumentos que traten de respaldar esa afirmación de ser uno mismo.

Piensa por un instante cuantas veces fuiste tú mismo(a) en el pasado? Como te fue? Te dio resultado? Si eres como el 99% de las personas tu respuesta será un rotundo NO.

Resulta que tanto hombres como mujeres queremos ser, fascinados, atraídos y seducidos por esa persona especial. Es muy posible que hasta nos hagamos una imagen irreal en nuestra mente de cómo es esa persona y sobretodo de cómo será su comportamiento con nosotros.

Otra consideración importante es que este libro es corto y conciso porque ha sido concebido como un manual de instrucciones. Mi idea ha sido la de sintetizar al máximo las teorías aquí planteadas, ilustrarlas con ejemplos cortos tomados de la vida real y proveer al lector con técnicas de aplicación inmediata. Creo que una obra demasiado extensa le hace un pobre favor al individuo que está en busca de una solución práctica a su problema de interacción social.

Capítulo I

Mi historia personal

Soy un venezolano de clase media, hijo de un médico y una ama de casa. Recibí una educación formal a nivel de primaria y secundaria en colegios católicos y a nivel universitario en una universidad americana, regrese al país con dos carreras y me dediqué al mundo de los negocios.

Desde joven se evidenció en mi personalidad un alto interés afiliativo. Siempre he cultivado una intensa vida social y mis amistades forman parte importante de mi calidad de vida. Además aunque no soy especialmente bien parecido, tampoco me considero feo ó físicamente desagradable. Dicho esto, mi relación con las mujeres siempre fue buena, quizás por haber cultivado una personalidad carismática y alto grado de empatía por el espíritu femenino. Pero aún así, rara vez pude vincularme a las mujeres de mis sueños. Es decir, generalmente, mis relaciones sentimentales se concretaban con aquellas mujeres que se interesaban en mi y no viceversa.

Durante años pensé que esa era la dinámica normal entre hombres y mujeres y nunca me cuestioné demasiado el porqué algunos hombres lograban tener tanto éxito con las mujeres. Aún así siempre logré un porcentaje de éxito relativamente alto, quizás por algunos rasgos de personalidad que me facilitaban estar siempre rodeado de gente.

Me casé después de una prolongada soltería y tuve una relación matrimonial de once años con dos hijas de por medio.

Como suele pasarnos a los hombres, me encontraba concentrado en mis metas profesionales y bajo la falsa premisa de que contaba con una relación de pareja estable, cuando un buen día mi esposa me dijo que teníamos de hablar, no olvidaré la lapidaria frase de "estoy confundida, necesito tiempo para pensar", luego de una separación breve, la confusión terminó en divorcio y me encontré sumido en una profunda confusión y depresión. Afortunadamente encontré apoyo en la terapia tradicional de psiquiatría y psicoanálisis la cual realice por un año, luego intenté la ayuda en otra corriente de terapia llamada Gestalt la cual aborda los problemas desde el aquí y el ahora y es altamente efectiva en la producción de resultados. Al cabo de seis meses, año y medio en total, me sentía preparado para volver a enfrentar la vida desde el aspecto afectivo y sentimental y comencé a propiciar ocasiones sociales para conocer gente nueva. Fue entonces que me di cuenta que si bien existe muchísima ayuda para tratar el ciclo de la ruptura y del duelo psicológico que se produce como consecuencia de esta, no hay ni literatura ni ayuda formal que oriente a los divorciados y divorciadas en cuanto a que hacer y como retomar la vida social después de un proceso doloroso de divorcio. Sin embargo, como siempre tuve el hábito de la lectura muy arraigado, me dediqué a buscar todo lo que podía conseguir acerca de la pareja, comencé explorando a los psicólogos latinoamericanos como Fernando Risquez, Walter Riso y Jorge Bucai, los cuales cuentan con excelente literatura acerca de las relaciones de pareja y sus vicisitudes. Luego traté de hallar un enfoque mas espiritual y lo conseguí en los avatares de la India tales como Osho, Prem Rawat, Majareshi Majesh Yogui y hasta el mismo Krishna Murti, de ellos obtuve importante sabiduría pero todo se centraba en como sobrellevar una pérdida, una ruptura, un divorcio, o un fracaso, entonces me di cuenta que existía un enorme vacío en cuanto al rebote o lo que llamamos en mi país "el regreso al ruedo", es por ello que me siento motivado a escribir este libro que sintetiza cinco años de un extenso

10

proceso vivencial de ensayo y error, conociendo gente nueva a través de métodos no tradicionales tales como internet y explorando las relaciones y su psicología con el apoyo de muchos autores. La conclusión más importante de todo ese proceso es que existe una "ciencia de la seducción" que afecta a ambos géneros. Por eso las teorías y prácticas propuestas en este libro funcionan, porque todas y cada una están respaldadas por una premisa científica.

De esta manera considero que este libro es una herramienta útil para todos aquellos hombres y mujeres interesados en buscar apoyo para rehacer su vida sentimental y efectiva.

Al principio mi proceso de ensayo y error fue muy accidentado, ya que a pesar de que había sanado mis heridas y ya estaba emocionalmente apto para volver a buscar pareja, me di cuenta que la mayoría de la gente no lo está, por esto, al salir a la calle para conocer gente nueva hay que hacerlo desde la expectativa de que encontraremos toda una diáspora de patologías porque la mayoría de las personas quedan con importantes cicatrices psicológicas, emocionales, financieras, sociales, etc. Si no han sido tratadas adecuadamente, estas posiblemente, afectarán la manera en la cual, estas personas se volverán a relacionar con el mundo. Sin embargo, todos estos encuentros, por muy salvajes que puedan haber sido, contribuyeron a mi crecimiento personal y agradezco a la vida, al universo y a cada una de las personas que encontré en el camino, ya que me ayudaron a alcanzar la inteligencia emocional que hoy he obtenido y que me permite traspasar mis conocimientos a otros y de esta manera ayudar a que ese proceso sea mas fluido y nutritivo.

Como dije anteriormente, leí mas de 80 libros acerca del tema de la pareja, asistí a seminarios, conferencias, simposios, talleres, etc. Todo esto en un intento de comprender mejor lo que me había pasado, era importante para mi saber donde fallé y utilizar la experiencia para mi beneficio, aprender de ella, crecer como persona y pareja potencial. Encontré mucha información en los libros, pero como suele pasar, la verdadera experiencia la encontré en la calle. El primer punto a considerar cuando uno ya se siente listo para volver a relacionarse con otros después de un divorcio, es la reconstrucción del autoestima. Generalmente el ser humano se siente invalidado cuando su pareja lo abandona ó sencillamente se produce un rompimiento de la institución familiar. Es de vital importancia trabajar en profundidad la reconstrucción del autoestima, una vez logrado esto el mayor objetivo de este libro y el concepto mas importante a aprender de él es la CONFIANZA en sí mismo.

El emperador romano Adriano Augusto, decía que la confianza era lo único capaz de armar o destruir un banco, una empresa o hasta un gobierno. La confianza es un concepto muy abusado, pero una vez que lo comprendemos lúcidamente, es el concepto que debemos dominar a plenitud para lograr cualquier objetivo planteado. No importa que les parezca obvio y repetitivo: Sin confianza en ustedes mismos será imposible lograr ninguna de las metas planteadas en este libro o en cualquier otra área de sus vidas.

Al momento de escribir este libro tengo 54 años y disfruto de un gran éxito en mis relaciones con el sexo opuesto. Pero no desde un punto de vista machista o frívolo, sino que todo esta información me ha ayudado a obtener un conocimiento más profundo del alma femenina y por ende mi comunicación con las mujeres es fluida, honesta y siempre estimulante. Cada vez que le pregunto a una mujer cual es el rasgo que más le llama la atención en mí, la respuesta es siempre igual: "Eres un hombre seguro de ti mismo".

La mayoría de la gente va por la vida con altos niveles de frustración y a través de mi investigación me di cuenta que gran parte de esa frustración deriva de no tener control

12

sobre su vida emocional.

Las técnicas que les proporcionaré en este libro tendrán gran éxito si se domina primero la confianza en si mismo, de lo contrario no pasarán de ser simple teoría, por supuesto también les proporcionaré técnicas de apoyo para mejorar esa confianza de la que hablo. Pero lo mas elemental es comprender que la necesidad, la ansiedad, la inseguridad y la carencia afectiva son los enemigos a derrotar en la creación de una imagen atractiva.

Capítulo II

Metodología de aprendizaje

He escogido el coaching ontológico para comunicar los conceptos presentados en este libro debido a que a pesar de que mi formación profesional fue como economista, también tuve la oportunidad de formarme como Coach Ontológico en Florida, Estados unidos. Considero que es una herramienta de altísimo impacto y perfectamente adecuada para logar cambios de conducta contundentes en cortos periodos de tiempo. El lector no tiene que conocer en profundidad o estar familiarizado con el coaching ontológico para poder asimilar los conceptos presentados en este libro, simplemente lo menciono por que algunos de los ejercicios que ayudarán a fijar los conocimientos que voy a presentar, están vinculados al coaching ontológico y a la programación neurolingüística, pero de nuevo, no es necesario un conocimiento teórico de ninguna de estas corrientes de pensamiento para poder aplicar los conocimientos que les ofrezco. A través del uso del coaching como herramienta comunicacional, el lector verá mejoradas varias áreas de su vida ya que como efecto añadido a su capacidad de relacionarse con otros, aumentará su inteligencia emocional, su capacidad de afiliación social, su autoestima y sus habilidades comunicacionales.

Antes de iniciar la presentación de los conceptos y las técnicas, quiero solicitar del lector un compromiso de al menos treinta días de dedicación a la información de este libro ya que si no hay compromiso no habrá ningún tipo de progreso. Debe dedicársele por lo menos una hora diária en los próximos treinta días, para poder asimilar los conocimientos que se presentan acá y además será necesaria acción práctica por parte del lector para poder ver los

15

resultados deseados. Recordemos que el autor solo es responsable del proceso como Coach pero es el lector el que cambia si así lo decide.

Una vez tomada la decisión y hecho el compromiso por parte del lector, comenzará un proceso de retar creencias y convicciones seguido por un proceso de reflexión, luego de sustitución de paradigmas, todo lo cual va a desembocar en un cambio de conductas, para entonces producir una nueva identidad. El valor y la importancia del uso de la programación neurolingüística en la asimilación de los conocimientos que se presentan en este libro tiene una razón de ser: la mente consciente del ser humano representa como máximo un 10% de la actividad cerebral, el otro 90% ocurre en el subconsciente. Por lo tanto podemos usar la imagen de un iceberg en la cual el consciente es apenas la porción que sale a la superficie y el subconsciente es la inmensa parte que se mantiene sumergida y por lo tanto no visible. Al utilizar la programación neurolingüística accedemos al subconsciente y se logra evitar la fricción neurológica común que genera el ser humano a todos los conceptos nuevos y a la simple sugerencia de cambios de conducta. El subconsciente no cuestiona, solamente asimila y genera los cambios, por lo tanto al eliminar la resistencia de la mente consciente, mejora nuestra capacidad de aprendizaje y cambiamos la energía que proyectamos.

Entonces estamos listos para comenzar con los conceptos básicos, pero antes de hacerlo les quiero presentar una máxima de Albert Einstein quien dijo que "pretender lograr resultados diferentes, haciendo siempre las mismas acciones es la mejor definición de la demencia", por lo tanto amigo lector cambiemos las acciones y cambiemos los resultados. Manos a la obra.

Capítulo III

RUPTURA

La vida está llena de ciclos. Las reglas de la vida moderna están en constante cambio y es por ello que aquello que quizás fue un estigma para la generación previa a la nuestra, para nosotros es algo normal y cotidiano. Esto es lo que ha pasado con la institución del matrimonio y la opción del divorcio. Pensemos que hasta hace apenas algunos años no existía el divorcio legal en países como Italia o Chile. Los códigos civiles de esos países simplemente no concebían la posibilidad de disolver un matrimonio. Hoy en día el divorcio se ha difundido hasta tal punto que nos sorprendemos al interactuar con una pareja de nuestra generación que tenga más de 20 años de casada! Con esto no pretendo abogar por el divorcio, sino más bien aceptarlo como una prueba irrefutable de que las relaciones interpersonales están siendo retadas en sus fundamentos más profundos.

Sin embargo, aunque ya el divorcio es parte de la vida moderna, sigue produciendo grandes aflicciones en quienes lo padecen. Es por eso que hago mucho énfasis en buscar ayuda para sobrellevar todo el proceso de la ruptura, su consecuente duelo psicológico y la etapa de sanación y cicatrización de las heridas emocionales. Sin este proceso es casi imposible regresar a la arena social y afectiva con la actitud adecuada para volverse a vincular exitosamente con el sexo opuesto.

El sistema que se escoja puede variar. Psicoanálisis, terapia gestáltica, constelaciones familiares, regresiones, etc. Hoy mas que nunca existen numerosas alternativas para asistir a las personas que estén pasando por un proceso de ruptura

17

sentimental. Pero hay que respetar los plazos y las etapas de ese proceso antes de pretender regresar a escena. Si el lector se encuentra aún en medio de su dolor por la pérdida de la pareja, la información ofrecida en este libro le será de muy poca o ninguna utilidad. Es absolutamente esencial vivir el duelo y sanar las emociones para poder retomar el camino del acercamiento afectivo con una actitud sana y prometedora.Uno de los conceptos clave en la superación de la ruptura es entender que no es necesario "olvidar" a la pareja. Ese es un lugar común que se ha tomado como una verdad universal. "Olvídalo, pasa la página y continúa, mira hacia adelante, no hace falta la que se fue, sino la que vendrá." Son algunas de las frases que escuchamos de las personas de nuestro entorno, generalmente bien intencionadas y en un intento sincero por consolarnos y animarnos. Pero resulta que esa pareja, aunque ya no está, formó parte importante de nuestras vidas durante un lapso determinado de tiempo, sin mencionar la posibilidad de que se tengan hijos en común. Entonces ¿porqué debemos "olvidar" a alguien que fue nuestro compañero (a) en ese difícil camino que llamamos vida? No tiene acaso más sentido cambiar nuestro sistema de creencias, asignándole una prioridad diferente a esa ex pareja, en lugar de intentar olvidarla en forma obsesiva? se trata de alcanzar el estado de comodidad emocional donde podamos "recordar sin dolor" en lugar de olvidar. Recurriendo una vez más a las metáforas, pienso en esa persona como uno de los íconos en la pantalla de inicio de mi computadora. Está allí cada día de mi vida y puedo verlo, solo que ahora tengo otros íconos y otras tareas a los que asigno mayor prioridad y tiempo. Todas las personas que llegan a nuestra vida lo hacen con una misión. A veces son misiones efímeras de un día o un mes. A veces duran años en cumplir su misión. Se trata entonces de poder mirar atrás y recordar lo bueno y ponderar el valor que esa persona agregó a nuestra vida mientras estuvo en ella.

Capítulo IV

Equipaje

Si estás leyendo este libro significa que como la mayoría de nosotros has tenido tu cuota de experiencias sentimentales y muy probablemente no todas han sido buenas. Pero así es la vida verdad? ¡Claro! El problema radica en que cada mala experiencia crea una conexión sináptica en nuestro cerebro que luego queda vinculada al dolor a través de la memoria y comenzamos a acumular esos malos recuerdos hasta conformar lo que yo llamo el equipaje psicológico. Entonces andamos por la vida cargando esas pesadas maletas que a su vez van condicionando y limitando la manera como nos relacionaremos en el presente y el futuro con otras personas.

La Programación Neurolingüística nos ofrece una técnica conocida como Terapia de Tiempo Lineal. Es un ejercicio de visualización que nos conecta con nuestra memoria pero también con nuestro subconsciente y nos permite deshacer cualquier trauma almacenado como consecuencia de malas experiencias sentimentales.

Así que hagamos el ejercicio: Cierra tus ojos y toma tres respiraciones profundas. Relájate, ahora visualízate elevándote sobre el sitio donde estás en este momento. Te elevas hasta un punto donde puedes ver tu ciudad completa. Ahora imagina una línea horizontal que está sobre esa ciudad y ve como tu te desplazas a lo largo de esa línea. Si te desplazas hacia adelante te moverás hacia tu futuro, si te desplazas hacia atrás te moverás hacia tu pasado. Entonces piensa ahora en un momento particularmente doloroso de tu pasado. Una situación de ruptura sentimental. Regresa a ese sitio particular donde todo ocurrió, ve los detalles, los muebles la casa, tu rostro en el espejo. Siente

19

la tristeza, la rabia, el rechazo. Todas estas emociones quedan registradas en tu memoria. Ahora elévate sobre esa situación y comienza a moverte sobre esa línea horizontal imaginaria, llegas al presente y te detienes un momento. Te miras desde arriba y entiendes que eres como eres hoy, en parte por esas memorias de dolor. Vuelve a elevarte y muévete ahora hacia adelante en la línea imaginaria, un año dos años. Ahora baja y obsérvate interactuando con alguien nuevo. Es una persona que te gusta y que significa mucho para ti. ¿Ves todo bien o puedes ver el conflicto que causan tus memorias de dolor? ¿Te das cuenta que el problema lo llevas dentro y que aflorará en cada relación que tengas en el futuro? Elévate de nuevo ahora y regresa a través de la línea horizontal hasta tu pasado hasta ese momento traumático y doloroso.. No puedes cambiar lo que pasó pero si puedes hacerte consciente de las huellas que dejó en ti. Imagina un enorme tablero eléctrico y tú, vestido con guantes protectores y una enorme tenaza. Ahora corta todas las conexiones con la tenaza. Probablemente verás chispas y quizás hasta una pequeña detonación. No temas, estás protegido. Ahora vuelve a observar toda la situación solo que ahora es como en una pantalla. Es un recuerdo pero ya no rige tu comportamiento. Siente el alivio de haberte desecho de esas conexiones. Elévate otra vez y vuelve por la línea horizontal hasta el futuro que habías imaginado. Como te observas ahora? Eres mucho mas libre, mas alegre, mas desenvuelto. Ya no desconfías de los sentimientos de otro ni de los tuyos propios. Te sientes feliz viviendo cada situación que te presenta el universo.

Regresa ahora al presente a través de tu línea imaginaria. Toma conciencia de tu respiración y cuando estés listo abre tus ojos.

Cómo te sientes? Mas liviano verdad? Acabas de deshacer una gran cantidad de recuerdos dolorosos que con el tiempo se convierten en predisposiciones y prejuicios. Ahora sabes

20

que tienes control sobre tu pasado, tu presente y tu futuro. ¡Ejércelo!

Capítulo V

Paradigmas

En este capítulo se presentarán los conceptos mas importantes de este libro, los cuales de ser seguidos, aprendidos y aplicados adecuadamente, cambiarán nuestra óptica del mundo y de las relaciones interpersonales. Nos ayudarán a definir una nueva identidad y a proyectársela a los demás y con toda seguridad producirá resultados contundentes en el campo de nuestras relaciones tanto afectivas como laborales y familiares. Por lo tanto los invito a meditar y reflexionar acerca de cada uno de estos paradigmas en forma profunda y seria.

El primer paradigma planteado en este libro se basa en el proceso inicial de la interacción hombre mujer. Es la Primera Impresión!

Reza la máxima de la sabiduría popular: nunca tendremos una segunda oportunidad para causar una buena primera impresión. Por lo tanto la primera impresión comienza antes de interactuar con los demás. Tiene que ver con nuestra apariencia, nuestra actitud, nuestro lenguaje corporal, etc. Las etapas tempranas del juego de la conquista son cruciales en establecer una comunicación exitosa entre las partes. Como regla general pienso que se deben considerar los tres primeros encuentros como absolutamente cruciales en establecer la posibilidad de una relación con alguien. Más específicamente, el primer encuentro definirá la posibilidad de un futuro prometedor o una despedida definitiva. Esto se debe a que las primeras impresiones son absolutamente críticas en los encuentros sociales. A pesar de que esto es cierto para ambos sexos, debemos decir que las mujeres cuentan con un sistema perceptivo mucho más agudo que el de los hombres y se formarán una opinión de su nuevo interlocutor en los primeros segundos de la interacción.

Entonces preguntémonos que dice de nosotros nuestra ropa, nuestros accesorios (lentes, reloj, etc.) que dice de nosotros nuestra forma de caminar, de mirar, de hablar. Todos estos detalles serán piezas del rompecabezas que la otra persona interpretará y armará en su mente para formarse una imagen de quienes somos. Todos estos aspectos los analizaremos en detalle a lo largo de este libro.

Como metáfora quiero utilizar el caso del cliente que va al banco en busca de un préstamo. Con toda seguridad el banquero evaluará toda la data numérica y estadística del cliente, pero a un nivel mas profundo también está evaluando su ansiedad y avidez por obtener el préstamo. En cambio el cliente que viene con toda naturalidad a hacer un depósito, es abordado por el mismo banquero para ofrecerle "apoyo crediticio" por parte del banco. Esta paradoja se basa en que en el mundo real, la energìa de carencia produce un rechazo en el interlocutor. Nadie se siente atraído por alguien que comunica avidez y desesperación emocional.

El segundo paradigma es la ciencia de la atracción. Durante mucho tiempo se consideró y se pensó que la atracción era un mecanismo misterioso que ocurría tanto en hombres como en mujeres y sobre la cual nosotros no teníamos ningún control. Hoy en día sabemos que la atracción no es lógica ni racional pero se ha determinado que es la respuesta emocional a los estímulos adecuados. Eso abre una nueva posibilidad en la manera como nos relacionamos con los demás porque si hablamos de que es la respuesta a un estímulo, lo que tenemos que lograr es saber cuáles son estos estímulos y hacerlos propios para poder entonces generar la respuesta deseada.

24

La atracción es un proceso y si bien es cierto que los seres humanos prestamos atención a la apariencia física, esta es solo una parte de la atracción, puesto que se puede generar atracción en el sexo opuesto de muchas maneras e inclusive a pesar de una apariencia física promedio o por debajo del promedio.

A pesar de su simplicidad, este concepto es revolucionario ya que nos proporciona una nueva óptica y una nueva posibilidad de hacernos atractivos al sexo opuesto ya que es aprendible y enseñable. Antes pensábamos que solo podíamos nacer atractivos, ahora sabemos que nos podemos hacer atractivos, independientemente de nuestra apariencia física. Entonces esto nos lleva a una de las conclusiones más importantes de nuestro libro: la atracción no es una decisión consciente, es un proceso que ocurre en nuestro cerebro emocional. Entonces aprendamos a ser atractivos, mas adelante hablaremos de como generar atracción en el sexo opuesto.

Los hombres respondemos mas automáticamente a la atracción que las mujeres. Para ambos sexos la atracción entra primariamente por los sentidos, pero para los hombres, generalmente se queda allì. Mientras que para las mujeres puede ser apenas el comienzo de un proceso en el que se va respondiendo a pequeños estímulos de diversa índole que van "in crescendo" hasta producir una impresión mas amplia del interlocutor.

Ahora hablaremos del tercer paradigma, es Escasez versus Abundancia, aquí se trata de desmontar un mito sociológico como es el de pensar que no existen suficientes hombres o suficientes mujeres que nos comprendan, que se parezcan a nosotros, o con las cuales nos podemos relacionar y esta manera de pensar nos hace andar por el mundo de las relaciones con gran ansiedad y bajo el supuesto falso de que si somos lo suficiente afortunados de encontrar una persona que esté dispuesta a relacionarse con nosotros, nos deberemos

25

aferrar a ella como un naúfrago a un salvavidas ya que posiblemente sea la única persona capaz de estar con nosotros.

Se trata de abordar las relaciones desde el ángulo completamente opuesto, la abundancia será nuestro paradigma de ahora en adelante y es un paradigma basado en hechos estadísticos reales y tangibles, a pesar de lo que se ha dicho una y otra vez, no existe una disparidad entre hombres y mujeres, los números son básicamente iguales excepto en algunos países eslavos donde por numerosos factores si puede existir un desbalance importante. En casi todos los países del hemisferio occidental hay una relación prácticamente de uno a uno según lo revelan los censos actualizados, en el caso latinoamericano la relación es 1.1 mujeres por cada hombre, es decir, prácticamente es igual, sin embargo sería justo agregar que esta relación estadística se puede ver distorsionada por todas las opciones que tiene tanto el hombre moderno como la mujer moderna, pero estas son consideraciones sociológicas que no son objeto de estudio de este libro. Para anclar mejor este concepto de la abundancia y para facilitar su compresión, los invito a hacer otro ejercicio de programación neurolingüística de este libro, para ello necesito que estén en un sitio tranquilo y que disponga de unos minutos. Cerraremos los ojos y tomaremos tres respiraciones profundas, sentados comodamente continuaremos respirando hasta sentirnos tranquilos, ahora vamos a utilizar la poderosa herramienta de la visualización que no es otra cosa que el uso de nuestra imaginación para ver dentro de nuestra mente una Imagen ideal, esta visualización consiste en vernos llegando a un enorme almacén de lujo, al entrar en este almacén se nos acerca una anfitriona muy bien vestida y de agradable apariencia, nos invita a conocer el nuevo departamento de este almacén, si somos hombres haciendo la visualización entonces la anfitriona nos hablará del nuevo departamento femenino, si es una mujer quien hace la visualización, la anfitriona nos hablará del nuevo departamento masculino, nos mostramos algo confundidos pero accedemos a la invitación, nos sorprendemos al darnos cuenta que no se trata de un departamento de vestido o de calzado o de accesorios o de maquillaje, se trata literalmente de un departamento donde se presentan maniquíes de hombres y/o mujeres ideales, inclusive similares a figuras famosas del mundo del espectáculo, que están rotulados con un número de modelo y lo que esta tienda nos propone es que podemos elegír el de nuestra preferencia y se nos hará entrega de este modelo a la dirección que le indiquemos. Entonces recorremos ese departamento, vemos estupendos especímenes de ambos sexos, rubias, morenas, rubios, morenos, de diferentes razas, estaturas, rasgos, e inclusive de diferentes estilos de moda, no sentimos empoderados al poder elegir, nunca antes habíamos estado en una situación donde tendríamos tanta capacidad de elección, sin embargo ahora que podemos elegir se nos hace difícil, porque es un concepto nuevo para nosotros, pero si esta visualización la extrapolamos a nuestra vida cotidiana y real, entonces nos damos cuenta que en efecto, podemos elegir. Ahora vamos a ir regresando al aquí y al ahora, manteniendo los ojos cerrados, tomando conciencia de nuestro cuerpo y de nuestra respiración y luego de tres respiraciones abriremos los ojos. En este momento es importante ver como nos sentimos, la sensación debe ser placentera de saber quizá por primera vez en nuestras vidas que podemos seleccionar y escoger. Existen una gran variedad de personas que al igual que nosotros se encuentran circulando en la arena social y afectiva en busca de una pareja, entonces no se trata de una persona específicamente, se trata de saber que en este mundo moderno podemos elegir, pero para hacerlo debemos estar convencidos de que tenemos el poder para hacerlo. Entonces imaginen como cambiará y afectará esto nuestro sistema de creencias y valores desde el momento en el que comenzamos a saber con convicción que vivimos en un mundo de abundancia, comienzan a ampliarse nuestros horizontes y empiezan a arraigarse la seguridad y confianza en nosotros mismos.

Les voy a proponer otro ejercicio de programación neurolingüística, se trata de el ejercicio de la pesca. Volvamos a cerrar los ojos, tomemos tres respiraciones profundas y sintámonos tranquilos, serenos y relajados, ahora imaginemos que estamos en un cómodo y lujoso yate depoortivo, con todos los implementos necesarios para un día de pesca, además el mar en su condición natural nos ofrece abundancia de peces, porqué no tomar lo que se nos ofrece? porqué no salir con una actitud de éxito? la abundancia es nuestro derecho natural, usemos esta metáfora de la pesca para saber que si salimos con la convicción que atraparemos al pez deseado, afectaremos directamente los resultados de forma positiva, si salimos pensado que no atraparemos los peces que deseamos y que además estamos en una zona donde escasean los peces, regresaremos con las manos vacías. Ahora regresaremos al aquí y al ahora tomando conciencia de nuestra respiración, de nuestro cuerpo y cuando se sientan listos, abran los ojos. Esta última metáfora nos enfrenta con las dos posibilidades, la de la escasez y la de la abundancia, lo cual nos ayuda a convencernos que nuestra actitud es el 90% de nuestra éxito, si nuestra actitud es de abundancia, siempre encontraremos lo que buscamos sin importar lo que sea, si nuestra actitud es de escasez tendremos que luchar contra las circuntancias para apenas lograr resultados pobres.

El cuarto paradigma es el del Fracaso versus Aprendizaje.

Desde hace siglos el pensamiento racional humano ha manejando distintas versiones del método de premio y castigo, pero siempre con el denominador común de quien no logra un objetivo propuesto, fracasa. Analicemos este concepto en detalle. Dependiendo de cada situación un error puede causar serias consecuencias. Es por eso que se estimula al ser humano a hacer su mejor esfuerzo para lograr

28

el éxito y eso es lógico porque es inherente a la naturaleza humana el deseo de superación y mejora. Pero en el área de las relaciones interpersonales estos principios solo sirven para entorpecer y frustrar nuestro proceso de aprendizaje.

En el mundo animal, por ejemplo, no existe el concepto de "fracaso".

Utilicemos la metáfora del guepardo. Es el mamífero mas rápido que existe, puede alcanzar los 80 kms por hora en apenas unos segundos pero para hacerlo utiliza toda su energía y se agota en menos de un minuto. Por eso me gusta la analogía, porque los humanos también contamos con capacidades extraordinarias y limitaciones reales.

Supongamos que por alguna razón el guepardo no alcanzó a la gacela el día de hoy. Que hace entonces? Acaso se va a su cueva? Se deprime y llama a su terapeuta para que lo medique?

No! El guepardo volverá mañana a la ribera de la laguna donde acuden las gacelas a tomar agua. Tal vez cambiará de ángulo, o quizás se agazape debajo de un árbol para esconder sus motas. El guepardo continuará intentando cazar a la gacela hasta que lo logre, porque su subsistencia depende de ello. Entonces reflexionemos un instante: ¿Qué hizo el guepardo? Fracaso tres veces antes de tener éxito y cazar a su presa? O aprendió el guepardo y ahora es mejor cazador?

Entonces cada vez que experimentemos una situación cuyo desenlace no es el que esperábamos debemos verlo como un aprendizaje y nunca como un fracaso.

Cada situación fallida nos acerca a la meta deseada, ya que nos ofrece la oportunidad de incorporar nueva data y hacer ajustes para lograr nuestra meta.

Entonces si sabemos que no podemos fracasar, como va a afectar eso nuestra actitud hacia la vida social? De ahora en adelante seremos capaces de intentar diferentes técnicas de acercamiento porqué sabremos que, sin importar el desenlace, saldremos fortalecidos con nueva información.

El quinto paradigma es la No Personalización del Rechazo.

En el juego de las relaciones hombre mujer nos enseñaron que las mujeres siempre tenían la última palabra. Aunque eso también ha cambiado, es un hecho que el libre albedrío es un derecho humano y los gustos y particularidades de cada persona hacen que lo que puede resultar atractivo para alguien no lo sea para otra persona.

Específicamente en las relaciones interpersonales, nada es ley ya que el elemento subjetivo puede producir resultados distintos para cada individuo.

Aun así, nos mortificamos cuando alguien nos rechaza. Porque? Vamos a analizarlo: En primer lugar porque lo personalizamos y en segundo lugar porque proyectamos una supuesta consecuencia de ese rechazo.

Veamos ahora cada uno de estos supuestos. El primero es ¿porque personalizar la reacción de la otra persona si no conocemos sus circunstancias particulares? Podría ser que esa persona aun este en una relación, o quizás tuvo un conflicto con un familiar ese día, o está en un mal día del mes o simplemente no incluye al sexo opuesto en sus preferencias sexuales. La lista podría continuar, pero lo que quiero ilustrar es que ninguna de esas "razones" están directamente relacionadas conmigo, entonces porqué me siento mal?

Además aún si hubiera una razón personal para rechazarte, esa es una de las reglas del juego de la conquista y debemos aceptarla si queremos participar de ese juego. Te has parado a pensar a cuantas personas rechazaste en tu vida sin siquiera darle demasiada importancia al asunto?

Pero la gran epifanía de este cambio de paradigma viene cuando pensamos ¿Cuáles son las consecuencias reales de ese rechazo? NINGUNA!!!!!

No hay consecuencias siempre y cuando lo tomes por su valor real, que es: una simple opinión de alguien que realmente no te conoce! Pero resulta que es muy común pensar: Si me rechazaron debe ser que algo anda mal conmigo, o quizás no soy querible. Nada más lejos de la realidad! Un rechazo es igual a un voto. Nada más. A veces tu votas por alguien, a veces otros votan por ti. Nadie es universalmente amado. Nadie!

El sexto y último paradigma es: La Incertidumbre versus la Expectativa.

Vuelvo a citar a Albert Einstein quien dijo: En la incertidumbre está el infinito de posibilidades.

Sin embargo, la sociedad moderna ha estigmatizado la incertidumbre y nos ha estimulado para programar todos y cada uno de los días de nuestra vida hasta el final.

Entonces te invito a reflexionar. Piensa si estás en el sitio y en la situación que te habías proyectado para ti hace 10 años o quince o veinte. Si eres como la mayoría de nosotros tu respuesta será no! Pero no habrá sido por falta de planificación sino porque habitamos un mundo muy volátil y en continua transformación.

Ahora les propongo otra metáfora, si tuvieran la posibilidad de escoger en su vida entre dos opciones: conductor de tren subterráneo o surfista, cuál sería su elección?

El conductor de tren ofrece muchas ventajas, seguridad, estabilidad, comodidad. El surfista en cambio se expone a muchos factores que no están bajo su control, cambios climáticos, ausencia de olas, depredadores marinos, etc.

Eso si, no cabe duda es que el surfista vivirá una vida mucho más interesante que el conductor...

La zona de confort es la gran trampa que debemos superar para aventurarnos en la vida y descubrir todo nuestro potencial.

Al aprender a vivir con expectativa, mantenemos abiertas todas nuestras opciones, entendiendo que la incertidumbre puede ser nuestra gran aliada. Así nos mantenemos abiertos y alertas a las sorpresas que el universo quiera brindarnos cada día. No se trata de no planificar o de vivir la vida en forma aleatoria. Se trata de agregar el factor de la incertidumbre a la ecuación de nuestra vida y aumentar nuestra flexibilidad hacia los resultados de manera de fluir con cada situación.

Es un hecho que la vida no ofrece garantías, es por ello que debemos habituarnos a ponderar los riesgos de cada situación para tratar de convertirla en una experiencia didáctica. Pero de nuevo la información será un 10 por ciento y nuestra actitud será el 90 por ciento restante. La incertidumbre no tiene que ser una circunstancia negativa en nuestra vida si le agregamos la expectativa optimista a la ecuación.

Estos seis paradigmas constituyen en centro gravedad alrededor del cual gravitarán tus conductas de ahora en adelante. Asimilarlos e interiorizarlos es absolutamente indispensable y vital para obtener los resultados deseados y cambiar de una vez por todas tu suerte con el sexo opuesto.

Capítulo VI

Los tres cerebros

La teoría de los tres cerebros fue desarrollada por Paul Maclain un medico y neuro-cientifico norteamericano que hizo contribuciones significativas en los campos de la psicología y la psiquiatría. En su teoría evolutiva del cerebro triple, él propone que existen tres cerebros en uno, el cerebro reptiliano, emocional y el lógico, uno superpuesto sobre el otro. El cerebro reptiliano según esta teoría es el responsable de las respuestas físicas e instintivas del ser humano, es decir todas las necesidades básicas: respirar, comer, dormir, responder antes los miedos físicos, etc. El cerebro emocional crea todas las conexiones sinápticas que vamos desarrollando a lo largo de la vida y que están íntimamente vinculadas con nuestras maneras de relacionarnos con los demás seres humanos, es decir, nuestra familia, amigos, compañeros de trabajo, parejas, etc. El cerebro lógico, que es donde ocurre la parte analítica de nuestro pensamiento, también conocido como la neo corteza y es la parte externa del cerebro. Lo interesante de esta teoría es que establece el fundamento para poder desgranar como el hombre y la mujer se comunican. Es un hecho que los hombres somos mucho más prácticos y las mujeres son mas emocionales. ¿Qué significa esto? que el hombre está utilizando su cerebro lógico o esta comunicándose desde la neo corteza aproximadamente el 90% del tiempo, mientras que la mujer, ha estado comunicándose desde el cerebro emocional también el 90% del tiempo.

¿Que es lo que ocurre con esta propuesta? sí, yo emito un mensaje desde mi cerebro lógico, este va a ser un mensaje desprovisto de emoción, algo así, como: dos más dos son cuatro, esto es un hecho, una hipótesis comprobada, irrefutable y lógica, sin embargo, si este mensaje es recibido por mi interlocutor que en este caso puede ser una mujer, ella por supuesto lo va a entender perfectamente pero no va a resonar en su sistema de afiliación, en su capacidad de interactuar conmigo, ya que en su cerebro emocional este mensaje carece de un sentido que repercuta en su vida, "si, dos y dos son cuatro, y a mí que me importa" podría responder ella, pero si el mensaje en cambio estuviese revestido en algún tipo de emoción, como por ejemplo:" dependiendo del cristal con que se mire, dos más dos podría ser cuatro pero también tres más uno podría ser cuatro o también cuatro más cero o cinco menos uno"... ósea los resultados son iguales, pero las propuestas son diferentes y están de alguna manera matizadas por la subjetividad, entonces todo esto a la conclusión que nos lleva es que los hombres y las mujeres a veces tienen problemas de comunicación ya que sus mensajes se están originando desde estaciones de emisión diferentes. Para utilizar la analogía de la radio, es como si el hombre transmitiera en AM y la mujer recibiera en FM, siempre va a haber una distorsión, e inclusive el mensaje que llegue puede ser totalmente diferente al mensaje que se emite, igualmente cuando el mensaje origina de la mujer y es recibido por el hombre ¿qué es lo que hacemos nosotros con un mensaje que viene edulcorado o maquillado o impregnado de emocionalidad? tratamos de limpiarlo o tratamos de arrebatarle cualquier disfraz que traiga para ver hacia el corazón de ese mensaje ¿Cuál es la esencia de ese mensaje? ¿Cuál es la aplicación práctica del mensaje? entonces lo desvirtuamos desde el punto de vista femenino, ya que precisamente lo que humanizaba ese mensaje desde su emisora, que era obviamente una mujer, era precisamente el maquillaje, el disfraz, todo aquello que nosotros descartamos a primera vista. Entonces se preguntará el lector ¿se trata de que los hombres neguemos nuestra esencia lógica o que las mujeres nieguen su esencia emocional? No! Al contrario! debemos ser fieles a nuestras esencias pero el solo saber que nuestro interlocutor está originando sus mensajes desde un sitio distinto al nuestro, desde una estación emisora que utiliza otra tecnología, en este caso otro cerebro, vamos a ser mas empáticos con nuestro interlocutor o con nuestra interlocutora, en otras palabras, basta con saber que el mensaje femenino está cargado de emocionalidad para que nosotros seamos más comprensivos con ese mensaje, no lo vemos como algo árido y no le debemos dar el tratamiento netamente lógico que le damos a los mensajes que estaríamos recibiendo quizás de otro hombre. Igualmente en las mujeres no se trata de negar la esencia emocional de la mujer, ni de cambiar la manera de comunicarse, se trata de tener en cuenta que a veces ese mensaje que puede ser interpretado como inhumano, punzante, ofensivo, frio o calculador, no lo es en esencia. Simplemente es un mensaje que acarrea una aplicación práctica porqué esta originado desde la estación del cerebro lógico, desde el punto de vista masculino que es analítico y práctico. Entonces si la mujer a su vez es más comprensiva y mas empática al recibir ese mensaje puede traducirlo en su propia estación y logre entender que puede haber un trasfondo emocional en el mensaje, simplemente esta codificado en términos lógicos, entonces de esta información científica, derivamos conclusiones muy útiles para nuestra comunicación con el sexo opuesto.

En el caso de los hombres, sencillamente tenemos que ponernos en contacto con nuestra emocionalidad cuando estamos queriendo establecer una conversación y comunicación fluida con una mujer, igualmente las mujeres tendrán que abstraerse relativamente y circunstancialmente de su emocionalidad para mantener una conversación y una comunicación más fluida, más clara y más limpia con un hombre.

Después de la música, el segundo lenguaje universal es el de las emociones. Cuando aprendamos a servirnos de ellas en lugar de ser sus esclavos, seremos los verdaderos dueños de nuestro destino.

Capítulo VII

Evolución

A lo largo del proceso evolutivo de la humanidad, el hombre y la mujer evolucionaron con dos fines primordiales, el de la supervivencia y el de la reproducción. El hombre desde tiempos inmemoriales se han encargado de proveer para la mujer y para la familia, la mujer también desde tiempos inmemoriales se ha encargado de procrear y darle cuidados a la familia. Sin embargo a pesar de la enorme sofisticación de la que alardea la sociedad contemporanea, siguen muy arraigados en nuestros cerebros, sobre todo en nuestro subconsciente, conductas aprendidas de ese proceso evolutivo, como ejemplo pondré, el sentido de la vista. Si se analiza la vista del hombre, esta tiene una gran capacidad de enfoque que se denomina visión tubular, si hablamos de las mujeres, ellas tienen una gran capacidad de visión periférica. Es interesante destacar que estas dos visiones se encuentran presentes en el mundo animal pero no en el masculino y en el femenino, el macho y la hembra de cualquier especie, sino que aquellos animales que son presas tienen visión periférica y aquellos animales que son depredadores tienen visión tubular, entonces si extrapolamos eso al ser humano, desde siempre la mujer tiene en forma subconsciente grabado muy profundo en su psique su característica de presa y el hombre su característica de depredador. Obviamente esto va a producir conductas diferentes en ambos sexos. Yendo mas allá, llegamos directamente a los fines primordiales que han podido perpetuar la existencia y la supervivencia del ser humano durante miles de años sobre la faz de la tierra. Vemos que la reproducción también tiene raíces distintas y por lo tanto produce conductas distintas. La mujer ovula una vez al mes, aunque produce varios óvulos, solo uno de ellos podrá ser fecundado. El hombre en cambio, puede y es capaz de producir millones de espermatozoides cada día ¿Cuál es el sentido práctico de esta información? Obviamente la mujer tiene arraigado en su subconsciente la necesidad de ser extraordinariamente cuidadosa en cuanto a quien otorga ese preciado óvulo que va a ser fecundado, mientras que el hombre tiene en forma instintiva la necesidad de esparcir su semilla tanto como le sea posible para perpetuar en forma general la especie humana y en forma particular sus genes. Lógicamente esto va a traducirse en conductas sexuales diametralmente opuestas, el hombre buscará siempre la posibilidad de inseminar a la hembra. La hembra en cambio tendrá que ponderar todos los riesgos que significa ser fecundada por el hombre adecuado o equivocado. No se trata de que nosotros hoy en día cuando vamos a salir a una situación social, salgamos con estos planteamientos en forma consciente, pero están allí y de alguna manera moldean nuestra conducta social. En otras palabras ¿Cuáles son los riesgos que corre una mujer al permitir que un hombre penetre su espacio físico? en primer lugar y de nuevo en forma instintiva y subconsciente, ella quisiera que ese fuera un buen candidato para producir vástagos saludables que a su vez tengan características atractivas para continuar perpetuando sus genes, pero a un nivel mucho mas social, mucho más sofisticado, mucho más evolucionado, la mujer dirá: debo ser muy selectiva con el hombre al cual le permito penetrar mi espacio físico porque ello me genera a mí, altísimos riesgos de quedar embarazada y de luego tener la responsabilidad de dar la luz, criar y proveer para este vástago en el caso que el macho seleccionado no sea adecuado o no exhiba las conductas sociales que se esperan de él y me abandone con un hijo. De esta forma vamos a ver que la mujer siempre va a ser cuidadosa, cautelosa, suspicaz, selectiva, etc., mientras el hombre va a exhibir una conducta de depredador o de cazador.

La mujer siempre pondrá pruebas al hombre, la mayoría de

las pruebas se originan en el subconsciente, son pruebas para determinar si él es un varón apto para aparearse con ella. el hombre en cambio tiene la proclividad de aceptar cualquier prueba que se le ponga sin discriminar ya que su propósito a nivel subconsciente es la diseminación de sus genes pero en realidad las mujeres están buscando seguridad, mientras que el hombre está buscando placer. La mujer hablará de sentimientos, el hombre hablará de resolver problemas, entonces vemos acá enormes y diametrales diferencias en este proceso de interacción hombre - mujer, ¿cómo salvamos estas brechas? ¿Cómo acercamos al hombre y a la mujer?

De eso hablaremos a continuación. Curiosamente si un hombre se dedica a aceptar y superar todas las pruebas que una mujer le coloque en un proceso de selección previo al apareamiento, en lugar de salir victorioso a estas pruebas, se encontrará con la sorpresa que en la mayoría de los casos la mujer decide rechazarlo a pesar de haberlas superado. Entonces ¿donde está la lógica allí? simplemente no existe porque la mujer está poniendo las pruebas en forma subconsciente pero ¿qué es lo que reamente quiere? la superación de pruebas no resulta atractiva como conducta. Entonces volvemos a la atracción como centro de gravedad del proceso exitoso para interactuar y relacionarnos con el sexo opuesto, sobretodo en esas etapas tempranas de la interacción.

En palabras más coloquiales, tanto las formulas convencionales de galantería, como las pruebas que suelen poner las mujeres a sus pretendientes, resultan altamente perjudiciales para crear atracción en las mujeres.

Contrariamente a toda lógica, un hombre debe mostrarse, estoico, misterioso, distante e impredecible para poder generar atracción en el juego de la conquista.

Capítulo VIII

Identidad

Es absolutamente indispensable que sepamos ¿quiénes somos? antes de buscar una pareja para una relación solida y estable en nuestras vidas. Para ello plantearemos un silogismo en el cual las dos premisas serán: I) La de nuestra historia. II) La de nuestras preferencias. Para entonces derivar la conclusión de nuestra identidad.

Primera premisa. En nuestra historia entra desde luego nuestro origen ¿donde nacimos? ¿Cuál es nuestra cultura originaria? ¿Quién es nuestra familia? ¿Cuáles fueron los valores y las creencias que se nos inculcaron? y desde luego ¿cuáles fueron nuestros primeros estudios? es decir, la primera escuela o el primer colegio donde estudiamos. Fue una educación católica o laica, todo eso va a contribuir a eso que llamamos nuestra historia y va a comenzar a moldear lo que más adelante va a ser nuestra personalidad.

La segunda premisa del silogismo serían nuestras preferencias, esto comienza a tener importancia digamos a partir de nuestra primera juventud, es decir, ahí va a entrar la primera carrera que estudiamos, nuestros gustos, nuestros hábitos, los valores que vamos asumiendo para nuestra vida. Entonces con todos estos factores vamos ya definiendo con mayor detalle lo que va a ser nuestra personalidad.

Entonces pasamos a la conclusión: ¿quién eres? ¿Cuál es tu identidad? La vamos a definir con tres segmentos que serían ¿quiénes somos?, lo que queremos y lo que valemos. Si nosotros logramos definir esto en detalle, seremos capaces de proyectarlo también en detalle y esto va a tener un efecto contundente en la búsqueda de la pareja y en nuestra interacción con los demás. Entonces si nosotros por ejemplo definimos ¿quiénes somos?, ¿cómo lo hacemos?: combinamos nuestra historia con nuestras preferencias, y yo recomiendo hacer un modelo de al menos cuatro rasgos de personalidad que nos definan como persona. Por ejemplo, en mi caso particular seria: extrovertido, sensorial, emotivo y estructurado, eso más o menos define quien soy yo. Ahora viene la segunda parte ¿qué quiero? cuando hablamos de lo que queremos obviamente estamos involucrando a la imagen ideal que tenemos de una pareja, pero esa imagen ideal que tenemos de esa pareja debemos cuidar que no sea demasiado ideal y se salga del ámbito de lo factible por eso mi recomendación particular es plantearse la pareja desde lo posible y no desde lo ideal, entonces de la misma manera, vamos a definir con rasgos de personalidad aquello que queremos, si sabemos quiénes somos, sabemos lo que queremos, aunque no necesariamente con una definición especifica de rasgos tal vez físicos, sino definiendo personalidades. La mayoría de nosotros sabemos lo que no queremos, muy bien, ese puede ser nuestro punto de partida por contraste. Si no queremos a una persona desequilibrada emocionalmente, esto nos puede llevar a que deseamos óptimamente una persona con inteligencia emocional por ejemplo. También sino queremos a una persona conflictiva, por contraste vamos a querer a una persona armoniosa. Si no queremos a una persona materialista, entonces vamos a buscar una persona espiritual, y así sucesivamente. La mayoría de la gente se le hace más fácil empezar o saber aquello que no quiere, tal vez porque ya tenemos una experiencia de vida y sabemos las personas que no son compatibles con nosotros. Vamos almacenando en nuestro "disco duro" aquello que no nos gusta y esto nos puede ayudar a definir lo que si queremos.

Como tercer elemento de nuestra identidad, combinando nuestra historia y nuestras preferencias, sería lo que valemos, nuestro valor propio, nuestra autoestima. Es importantísimo saber que somos únicos, como también es importantísimo saber que cada persona que viene a esta existencia física, lo hace con un talento que nadie más tiene. Entonces siempre podremos destacarnos, siempre podremos sentirnos valiosos en la medida que logremos identificar que somos un elemento de contribución para los demás, que podemos incluir a los otros en la película de nuestra vida, que podemos hacernos la pregunta de qué puedo aportar, en lugar de ganar de cada situación. Esto nos ayuda a formarnos un concepto de valor propio muy sólido. Entonces teniendo ese concepto, esa definición de lo que valemos combinándolo con lo que queremos y combinándolos con quienes somos, va a proyectar una identidad sólida que es definitivamente atractiva. Que ocurre cuando fallamos en proyectar una identidad sólida, estamos proyectando una identidad ambigua en donde en forma inherente hay una falta de autoestima, una falta de integridad y los demás por simple instinto de sobrevivencia se van a aprovechar de esa ambigüedad, de esa debilidad, de esa falta de definición y de solidez en nuestra identidad para sus fines propios y personales, aparte de que esa identidad ambigua nunca será atractiva para el sexo opuesto.

Capítulo IX

Conductas

En este capítulo pasamos a la parte más práctica de este libro, es decir tendremos que aplicar lo que hemos aprendido.

Se trata de empezar a adoptar nuevas conductas. Pero sobretodo se trata de destacarte. Reflexiona por un momento como los medios de comunicación influyen en nuestra psique para tratar de agruparnos y etiquetarnos. Cuando se trata de entender la ciencia de la atracción, una de las primeras premisas que debes aplicar es la de ser original y diferente.

Pero antes les propongo un ejercicio de PNL para aumentar la confianza en nosotros mismos. Cierra los ojos y toma tres respiraciones profundas. Ahora recuerda una situación de tu vida en donde te sentiste muy confiado, un momento estelar en donde te destacaste por algún logro y se sentiste muy seguro y satisfecho contigo mismo. Ubícate en ese momento con todos tus sentidos, detalla colores, olores y rostros para que la experiencia sea más vívida. Ahora evalúa tu confianza de 1 a 10 como te sientes? Visualiza frente a ti un pequeño aparato electrónico con una perilla y con una pantalla digital, allí se muestra la escala de tu confianza. Ahora acércate a ese aparato y gira la perilla para subir el nivel de tu confianza. Si era 8, súbelo a 10. Ahora respira y siente la confianza fluyendo por todo tu organismo. Te sientes muy bien. Vuelve a girar el control del medidor de confianza hasta 12. Ahora tu seguridad en ti mismo es la más alta que hayas sentido jamás. Es casi abrumadora, te sientes como un verdadero triunfador, capaz de todo. Deja que esa confianza permée todo tu cuerpo y que se asiente en todas las fibras de tu ser. Ahora toma conciencia de tu respiración y lentamente vuelve al aquí y al ahora.

Este es un ejercicio muy poderoso que recomiendo hacer antes de enfrentar cualquier situación de reto en tu vida sea social o laboral. Cuando recargas la seguridad en ti mismo, la energía que proyectas a los demás cambia. Todas las personas de tu entorno lo percibirán. Específicamente cuando vas a interactuar con alguien del sexo opuesto, la vibración de alguien seguro de sí mismo es contagiosa y los demás sentirán un cierto bienestar por el solo hecho de estar en tu presencia.

Como dije al inicio del libro la confianza en nosotros mismos es un requisito sinequanon para poder generar atracción y lograr una interacción exitosa con el sexo opuesto.

Entonces pasemos a otras conductas complementarias.

Lenguaje corporal.-

Esta comprobado que nuestra gestualidad constituye al menos el 85% de nuestra comunicación. Apenas el 15% consiste en las palabras que decimos. De allí que no es solo lo que decimos sino como lo decimos. Allí entran en rigor elementos como la mirada (contacto visual), la respiración, la postura, la gestualidad de las manos, el ritmo de nuestro lenguaje, nuestra manera de caminar, de sentarnos o de estar parados. Como regla general, diremos que la prisa no es elegante ni atractiva. Hablar de manera apresurada comunica inseguridad que es la peor enemiga de la atracción. Igual pasa con nuestra forma de caminar y desplazarnos por un área social donde hay personas que nos miran. Debemos conducirnos pausadamente, en forma deliberada y haciendo contacto visual con las personas de nuestro entorno.

Si nosotros tuviéramos que evaluar nuestro propio lenguaje corporal, ¿cómo crees que nos calificaríamos? ¿Somos elegantes, seguros y confiados? O quizás nos sudan las manos, bajamos la mirada, y buscamos un rincón en el salón donde podamos pasar desapercibidos.

En las situaciones sociales, todos nos estamos escrutando y evaluando recíprocamente, sea de manera consciente o subconsciente. El solo hecho de mantener este hecho en nuestra mente consciente nos proporciona una ventaja, ya que seremos cuidadosos del mensaje que estamos enviando a los demás, aun antes de pronunciar la primera palabra. Conviene practicar un lenguaje corporal que comunique seguridad y confianza frente al espejo, hasta crear un alter ego que salga a escena cada vez que nos enfrentamos a una situación social nueva. Yo recomiendo adoptar un modelo del cine o la televisión, puede ser tu estrella favorita. En el caso de los hombres hay muchas opciones. Personajes como James Bond, Chistian, el cirujano plástico de la serie Nip Tuck, Jhonny Deep en su rol de Don Juan de Marco, etc. En el caso femenino, la gama es aún mayor: Cualquier personaje con aires de mujer fatal... claro que no se trata de adoptar una postura artificial y ridícula. Sino de observar estos personajes y entender porqué nos fascinan y porque ejercen tal poder de seducción en el sexo opuesto. No es azar o simple belleza física. Estos personajes de ficción han sido moldeados para afectar nuestro cerebro emocional hasta el punto de hacernos fantasear que nos convertimos en ellos. Es por esto que nos sirven de modelos para saber cuáles son esas señales de lenguaje, tono de voz y movimiento corporal que atinan en el blanco de la emocionalidad con tanta precisión.

Demostrando Interés.-

Contrariamente a lo que se piensa cuando se habla del "cortejo" tradicional de un hombre por una mujer, mostrar demasiado interés por la otra persona es contrario al hecho de generar atracción. No importa cuánto nos guste esa persona, debemos ser muy cuidadosos en dosificar nuestro interés por ella ya que de lo contrario, esto acabará por subordinar la relación en contra nuestra. Desde el comienzo hemos hablado de la atracción, pero es hasta ahora que paso a explicar un fenómeno conocido en psicología como "Disonancia Cognitiva". Esto se refiere a una relación de estímulo - respuesta en donde se obtiene el resultado opuesto al deseado. En otras palabras, en el juego de la conquista no cabe la lógica!

Como ejemplo les presento un cuadro de estímulos y respuestas visto desde dos ópticas distintas.

Version lógica

ESTIMULO	RESPUESTA
Llamas mucho	Te llaman mucho
Halagos y piropos	Se siente complacida (o)
Le permites elegir	Se siente tomada (o) en cuenta
Concuerdas en opiniones	Percibe afinidad
Le das todo tu tiempo y atención	Lo aprecia y agradece
Retas verbalmente	Se siente amenazada (o)

Disonancia cognitiva

ESTIMULO	RESPUESTA
Llamas mucho	No te llaman
Halagos y piropos	Resultas ser poco original
Le permites elegir	Percibe inseguridad en ti mismo (a)

48

Concuerdas en opiniones	Te encuentran aburrido (a)
Le das todo tu tiempo y atención	Necesitan su espacio
Retas verbalmente	Lo aprecian te ven como alguien interesante.

Esta disonancia cognitiva aplica a las primeras etapas de la interacción y no debe tomarse como regla dorada para ser aplicada una vez que la relación se haya formalizado. Es un artificio que nos a ayuda a generar atracción.

Como ejemplo de este fenómeno, recuerda alguna ocasión en la cual existía alguien muy interesado por ti pero que no te convencía del todo. Analiza ¿cuál era tu conducta hacia esa persona? Seguramente no mostrabas un gran interés y la tratabas con cierta indiferencia sin llegar a ser descortés. Ahora piensa! Esa persona posiblemente se interesaba aún más en ti, hasta llegar a un punto en donde se encontraban en juego su propio orgullo y dignidad. Entonces probablemente terminaba por alejarse.¿ Entiendes ahora la disonancia cognitiva? La mente humana es muy compleja, y este fenómeno es difícil de comprender, pero no por ello es menos cierto.

Mientras más mostramos interés, nuestras posibilidades de generar atracción en otra persona disminuyen. Hacer saber a la otra persona que tenemos opciones, no solo es sano sino indispensable para mantener la atracción. Este concepto está íntimamente ligado a la inteligencia emocional. Cuando nos mostramos serenos, seguros y confiados, el mensaje subliminal es que somos dueños de nuestras emociones y no sus esclavos. Esto resulta altamente atractivo, para ambos sexos.

Otra de las conductas esenciales en el proceso de generar atracción en los primeros encuentros tiene que ver con lo que se conoce como "juego interno" que es simplemente tu diálogo interior.

La belleza femenina y su valoración social ¿Como lidiamos con una mujer bella?

En los países latinos lo estético ocupa un lugar muy elevado en la escala de valores de nuestras sociedades. De allí el auge desmesurado de tantos artificios cosméticos y quirúrgicos para acercarnos a los "ideales publicitarios" de la belleza física.

Habría que comenzar por la máxima: La belleza está en los ojos de quien la contempla. Para asignarle un valor subjetivo y un poco más profundo al atractivo físico de las personas. Sin embargo los cirujanos plásticos han determinado que la belleza es, esencialmente, simetría.

Es más, a veces los rostros son asimétricos pero atractivos, lo cual en términos matemáticos significa que apenas hay unos milímetros de más o de menos en la distancia entre los ojos o la separación entre la nariz y la boca. Pero increíblemente estos milímetros pueden ejercer un enorme poder en el destino de una persona.

Entonces hablemos de las mujeres bellas. Es un hecho innegable que a una mujer bella se le facilitan múltiples aspectos de la vida cotidiana. Es más, el valor social de una mujer está íntimamente ligado a como luce. Además, los hombres tenemos la proclividad de darle un enorme peso específico a la apariencia de la mujer en nuestro criterio de selección y cuando nos topamos con una mujer muy bella, nuestro comportamiento se torna errático por su sola presencia. Aquí es donde quiero aportar los resultados de mi investigación. Existe una patología que la psicología moderna conoce como "El síndrome de la reina" consiste en

50

mujeres que por su belleza se acostumbraron a ser tratadas con pleitesía por su entorno, hasta el punto que ya están convencidas de que su aspecto les otorga un cierto grado de superioridad respecto a sus semejantes. Esto es una dramática perversión y hay que detectarla y evitar las relaciones con este tipo de personas ya que su trato hacia su pareja siempre será jerarquizado.

Pero escapando de las patologías aún nos podemos encontrar con mujeres bellas que nos hagan sentir incómodos o inseguros. Aquí les propongo la psicología inversa o cambio de roles. Visualicen por unos minutos que ustedes habitan ese cuerpo femenino. Ahora sientan el acoso de las miradas, pasen por el proceso de recibir docenas de halagos y piropos cada día. Imaginen que su teléfono no para de sonar con invitaciones a cenar, al teatro, etc. Esto no solo nos "empatiza" con la mujer bella sino que además fortalece nuestra confianza ya que nos damos cuenta de cuál es el efecto que produce en los demás esta belleza. Ahora regresamos al aquí y al ahora y tan pronto como nos sea posible, enfrentemos una situación social donde podamos interactuar con una mujer bella. Les aseguro un cambio tangible en esa interacción. No solo lo haremos con mayor seguridad sino que nuestro enfoque será el de hablar con otro ser humano igual a nosotros, independiente de su aspecto físico. A esta estrategia la llamo "negación de la belleza" en el entendido de que vemos mas allá de lo físico y no permitimos que esta máscara social nos afecte.

Es fundamental mantener la objetividad respecto a esa persona que estas conociendo. Y enfatizo lo de persona. A menudo, cuando conocemos a alguien que nos interesa nos dejamos subyugar por su apariencia y perdemos de vista nuestro objetivo que es generar atracción. Entonces comenzamos a cometer errores. Voy a enumerar algunos de los errores más comunes que se ven con frecuencia en las tres primeras citas.

Tus defectos, tus alergias, tus despechos, tus traumas, tus dolencias, tu mala suerte con el sexo opuesto, tu ex pareja. Te parece obvio? Pues esta lista de temas está presente en el 90% de las primeras citas. Ahora entiendes porque no hubo una segunda cita!

Además es importante mantener una conversación fluida pero sin buscar o dar aprobación en lo que se habla. Pedir disculpas, halagar repetidamente y dar regalos prematuros, están totalmente contraindicados!

Si logras dominar tu diálogo interior, la energía que proyectarás será muy atractiva. Por eso debes mantener presentes afirmaciones tales como: Yo soy la causa y nunca el efecto, Él o ella son mis invitados, yo decido adónde vamos, etc. Doy y exijo respeto por mi tiempo y compañía. Me interesa la persona con la que estoy interactuando y a pesar de su atractivo él o ella son un ser humano con miedos e inseguridades igual que cualquier otro. No fomento ni tolero dramas o manipulaciones. Yo sé quién soy, lo que quiero y lo que valgo, por lo tanto soy un buen prospecto para cualquier mujer u hombre.

Para mantener esta serenidad emocional, yo uso una técnica que he llamado: Sistema DAS. Diversión, aprendizaje y selección.

Consiste simplemente en tener presente que antes de salir a cualquier situación social me repito que lo hago para pasarla bien, siempre habrá alguna enseñanza que se derive de la ocasión y esto me ayudara a encontrar lo que busco por ley de probabilidades. Entonces si mi actitud es la de alguien que no está centrado en los resultados sino que más bien está disfrutando el momento, proyectaremos una imagen de seguridad y confianza. Una actitud despreocupada hacia la interacción es nuestro pasaporte al éxito. Esto generará una energía de desinterés, indiferencia y desenfado que resulta tremendamente atractiva para el sexo opuesto.

Trata de recordar alguna ocasión social en la que había una persona carismática que era el foco de atención de todos los presentes. Cuál era su actitud? Muy posiblemente era la de: "yo sé quién soy, lo que quiero y lo que valgo, tu quien eres? Porque yo te daría acceso a mi mundo?" Si te dejaras llevar por tus impulsos, posiblemente tu manera de abordarla sería la misma que la de cualquier otra persona que se siente embelesado por su atractivo físico. Algo así como: "Hola mi nombre es XX estoy aquí para divertirte, impresionarte y ganarme tu aprobación". Qué crees tú que va a producir esta actitud en esa persona? Atracción? Yo me atrevería a decirte que te van a descartar muy rápidamente por aburrido(a) y poco original.

En este punto les quiero presentar la metáfora del embudo. A menudo cuando conocemos a alguien que nos interesa nos enfocamos tanto en esa persona que descartamos cualquier otra opción. Yo considero que esto es un error. Prefiero imaginarme un enorme embudo donde va entrando mucha gente por la parte superior para que al final quede una persona con la que si me puedo relacionar a largo plazo y en forma estable. Pero si descartamos todas nuestras opciones prematuramente y resulta que la relación con la persona a la cual le brindamos toda nuestra atención no cristaliza, nos encontraremos frustrados y solos. Mi consejo es tener siempre un plan B y hasta un plan C. Claro está cuando la relación se consolida hay que ser honestos y darle la exclusividad que esa relación merece.

Aquí es de gran ayuda una novedosa técnica llamada EFT. Emotional freedom Technique. Es un método de liberación de bloqueos emocionales y energéticos basado en el sistema de meridianos de la medicina china. Consiste en dar golpecitos en ciertos puntos de la cabeza, rostro, pecho y costados, con el fin de estimular un flujo más libre de energía y elevar nuestra rata vibratoria antes de salir a una situación social.

Comienza golpeando suavemente el costado externo de tu mano izquierda con los dedos de tu mano derecha, al mismo tiempo que repites afirmaciones tales como: "yo me amo y acepto tal como soy". Luego golpea el tope de tu cabeza, baja a tu sien, debajo de tus ojos, el espacio entre tu nariz y boca, mentón, pecho alto (debajo del cuello) y finalmente debajo de las axilas. Continua repitiendo afirmaciones que sirvan tu propósito, tales como: Hoy saldré a divertirme y la gente a mi alrededor percibirá mi seguridad y confianza y se sentirá atraída por eso". "Me siento tan bien conmigo mismo que proyecto magnetismo y carisma en mi entorno".

Muchos clientes me han manifestado que sienten miedo y ansiedad antes de exponerse a alguna situación social, por eso les propongo otro ejercicio de PNL muy poderoso que podrán realizar antes de enfrentarse con cualquier situación que les produzca ansiedad.

Cierren sus ojos y tomen tres respiraciones profundas. Ahora comiencen visualizándose a sí mismos frente a la entrada de un lujoso hotel. Entran y se acercan al elevador, cuando este se abre está casi lleno de personas del sexo opuesto, todas bien parecidas y bien vestidas. Al cerrarse las puertas comenzamos a sentir el miedo y la ansiedad que nos produce ser el único hombre (o mujer) en el ascensor. Finalmente llegan al Pent-house, allí se abre la puerta y todos salen y se dirigen a un salón donde hay una fiesta. Allí te das cuenta que hay unas 100 personas pero todas del sexo opuesto, tu eres el único hombre (o mujer). Ahora te acercas al bar y te sientas. El miedo permea todo tu organismo, no lo resistas, permítele recorrer tu cuerpo, siéntelo. Pides un trago y te lo tomas rápidamente en un intento por tranquilizarte. Ahora se te acerca una persona muy atractiva y te pide que la sigas. Te muestra una puerta, al atravesarla te encuentras en un la escena de un auditorio, en el público hay 3oo personas,

54

todas del sexo opuesto y todas te observan. El miedo te abruma, sientes que te paralizas, de pronto ves una pequeña mesa a tu lado derecho en ella un instrumento de medición que nunca habías visto. Parece un reloj por un lado pero en el otro lado tiene un medidor de miedo y está marcando 100/100. El aparato tiene un botón azul iluminado, lo pulsas y en ese instante el tiempo se paraliza. Ahora te acercas al público y a medida que recorres los asientos vas midiendo el miedo de cada persona. La lectura es siempre la misma 100/100. Todos tenían miedo. Pero miedo de que? Te preguntas. Tu no estás allí para dañar a nadie, al contrario, solo quieres conocer gente nueva. Ahora regresas a la fiesta y descubres que allí también se detuvo el tiempo. A medida que te paseas por entre la gente te das cuenta de que el aparato sigue registrando la medición máxima de miedo en todos ellos. Ahora vuelves al bar, acercas el medidor a tu pecho, solo que ahora se lee 50/100. Vuelves a presionar el botón azul para que el tiempo siga su curso. Pides otro trago, ahora lo tomas despacio y no puedes evitar esbozar una pícara sonrisa en tu rostro. Vuelves a acercar el medidor y esta vez lees 30/100 y sigue bajando. Decides quedarte y disfrutar de la fiesta sabiéndote aventajado.

Toma ahora conciencia de tu cuerpo, respira profundamente y regresa al aquí y al ahora.

Este ejercicio ha sido diseñado para demostrarte que "la ansiedad de aproximación" es universal y todos la sentimos alguna vez. Pero el solo hecho de saber esto ya te permite cambiar tu actitud cada vez que vayas a interactuar con otros.

Niveles

Cuando hablamos de romper el hielo me refiero principalmente a los hombres. Las mujeres por lo general no necesitan romper el hielo porque les basta con una mirada y una sonrisa para ser abordadas por un hombre.

Existen un sin número de frases que otros autores ofrecen como formulas prefabricadas. El problema con esas frases es que están terriblemente malgastadas y no funcionan para todos. Lo que le propongo a mis lectores es que se construyan su propia frase utilizando cuatro factores: primero, curiosidad, segundo, originalidad tercero, interés indirecto y cuarto, buen gusto. Una línea rompe hielo puede inclusive sonar absurda y eso está bien, lo que se quiere es que genere una reacción en tu interlocutor. Las preguntas de opinión funcionan muy bien y no delatan nuestro interés. Otro ejemplo son los artilugios de magia impromptu. Otra herramienta puede ser argumentar un proyectos de investigación o encuestas. Darles aquí ejemplos concretos puede ser contraproducente porque al poco tiempo habrán sido tan usados que todas las mujeres las habrán escuchado y esto produce una muy mala primera impresión. Así los dejo con el reto de construir sus propios rompe hielos.

Para avanzar en los niveles ambas personas deben estar alineadas en nuestro nivel de comodidad. Para esto es vital que vayas proporcionándole información y señales de que estas muy presente e interesado en el (ella) como persona y que los puntos de coincidencia son tales que te están motivando a progresar en la conquista. Hazle saber que tú percibes rasgos que la hacen diferente y única (o).

El próximo nivel es el de establecer valor, este si es común a ambos sexos y tiene que ver con entablar una conversación fluida teniendo muy en cuenta el lenguaje corporal del que hablamos anteriormente. El mensaje a comunicar es: yo me siento muy cómodo conmigo mismo(a), hasta el punto de que no estoy para nada preocupado por los resultados de este encuentro. Estoy aquí para pasarla bien.

Lo importante aquí es tener presente que hay que avanzar con cada cita, de lo contrario se corre el riesgo de caer el en limbo de la amistad. Yo personalmente no tengo nada en contra de hacer nuevos amigos pero aquí estamos hablando de atracción y conquista. La atracción tiene un período de incubación que si no se aprovecha se desvanece y entonces será demasiado tarde.

Capítulo X

Percepción Femenina

Hemos dejado bien claro a lo largo del libro que a los hombres y a las mujeres nos motivan cosas diferentes, por eso ahora les ofrezco esta información segmentada y diferenciada para cada sexo.

A menudo las mujeres se quejan de que no hay suficientes hombres o de que cuando salen un grupo de amigas los hombres no las abordan. Allí conviene hacer una reflexión acerca de la percepción femenina de la realidad. Por ejemplo: una conversación entre dos hombres:

- ¿Cómo te fue hoy?

-Bien, solo que en la mañana cuando iba a salir me di cuenta de que mi auto tenía un neumático pinchado. Pero lo cambié y listo. De resto todo bien.

La misma conversación entre mujeres:

- ¿Como te fue hoy?

- Horrible! Figúrate que cuando ya estaba lista, vestida y maquillada para salir, me encontré que tenía un neumático pinchado.

- ¡No me digas! ¿Y que hiciste?

- Bueno, hice varias llamadas a amigos para que vinieran a cambiarlo, pero no había nadie disponible. Entonces tuve que salir a la calle a conseguir un taxi. Después de 20 minutos apareció uno que me ayudó pero por supuesto que le tuve que dar una propina enorme por cambiar el neumático! De mas está decirte que para ese momento ya mi día se había arruinado...

Lo que vemos aquí, quizás algo dramatizado, es que las mujeres tienen una proclividad nata a percibir la realidad peor de lo que es! Esto distorsiona los acontecimientos y las pone en enorme desventaja en la arena afectiva y sentimental.

También conviene señalar que tal vez debido a los condicionamientos sociales y familiares, las mujeres a veces proyectan actitudes negativas y una coraza intimidante como un acto reflejo, sin pensar en que esta actitud repercute negativamente en sus objetivos.

Usaremos un ejemplo para ilustrar este punto: Recibí la visita de dos hermanas que vinieron solicitando coaching para conseguir pareja. Ambas son mujeres maduras, atractivas, inteligentes y además famosas por estar vinculadas al mundo del espectáculo. Pero ambas están solas. Cuando les pregunté cuando era la última vez que habían salido a una situación social, me respondieron casi al unísono: anoche!! Fuimos a cenar a un conocido Restaurant...

Cuando les pregunté los pormenores me dijeron que la noche había transcurrido sin novedad. Pero cuando les pedí que me relataran cada minuto de la velada con lujo de detalles resulta que habían tenido dos interacciones con hombres. Una mientras esperaban en el bar y la otra mientras se trasladaban a su mesa. En ambas ocasiones descartaron los avances de esos hombres, sin darles el menor chance. Pero lo interesante es que el rechazo fue tan automático que ellas mismas no registraron esas interacciones en su percepción consciente de la noche. Cuando analizamos la situación en mayor detalle, ellas mismas se dieron cuenta que lo habían hecho como un reflejo condicionado. Es decir, en su subconsciente dos mujeres solas, atractivas y autónomas deben rechazar cualquier iniciativa de aproximación de un extraño. Ese bloqueo era parte de su condicionamiento social y como consecuencia estas dos hermosas mujeres, andaban por la vida emitiendo señales negativas y proyectando una imagen de inaccesibilidad, que las alejaba cada día mas de la posibilidad de conocer gente nueva.

Otro enorme error que es muy frecuente en el género femenino, es la construcción de listas predeterminadas. Por ejemplo: mi hombre ideal debe ser, alto rubio, atlético, rico, sensible, sumiso y cariñoso. Estas listas lo que hacen es limitar enormemente la posibilidad de conocer a alguien que puede resultarnos atractivo o interesante porque no cumple con esa serie de requisitos preconcebidos. Con esto no quiero decir que no debemos saber el tipo de persona que nos gustaría tener en nuestra vida. Eso es parte se tener una clara identidad, saber quien somos y lo que buscamos. Pero hablo de listas frívolas, que en lugar de definir los rasgos intrínsecos de un buen compañero, se basan en su apariencia y otras ideas distorsionadas de un ideal masculino.

Otra consideración importante para las mujeres es observar con detenimiento la imagen que están proyectando ya que de allí derivará directamente la actitud del hombre que se les acerque. Las mujeres venezolanas cuentan con la gran cualidad de la feminidad y cuidan enormemente su apariencia pero conviene reparar en cual es el mensaje que se esta enviando. Si una mujer sale a una situación social ataviada de una cierta manera, esto provocará sin duda una respuesta en su interlocutor masculino pero hay que complementar el mensaje! No basta con comunicar " soy atractiva y estoy disponible". Hay que implicar que se es inteligente, original, divertida e interesante también si se quiere atraer a un hombre con esas mismas cualidades.

Capìtulo XI

Arquetipos

Existe un arquetipo psicológico que es el del "chico malo y la chica mala". Lo menciono porque ilustra cómo funciona la psicología de la atracción.

Las características de este arquetipo es: Rebelde, estoico(a), misterioso(a), indiferente, decidido(a), impredecible, poco confiable, violento, clara identidad sexual.

En el mundo del entretenimiento podemos ver ejemplos de estos arquetipos: James Dean (rebelde sin causa) Marlon Brando (Un tranvía llamado deseo) Paul Newman (un largo y ardiente verano) Michael Douglas (En busca de la esmeralda perdida). En el caso de las mujeres: Kathleen Turner (Body heat), Annette Bening (bugsy), la actriz y cantante Maddona (en toda su carrera). Pero porque nos interesan estos arquetipos? Hay dos razones: la primera es porque son claras demostraciones del enorme poder seductor que ejercen en el sexo opuesto, a pesar de sus evidentes defectos. Por lo que debemos estar atentos a no sucumbir si nos topamos con alguien así. La segunda es porque sin llegar a ser chicos o chicas malas, podemos adoptar algunos de sus rasgos positivos para así, generar nosotros mismos atracción en el sexo opuesto. Por ejemplo: Ser misterioso, impredecible decidido y con una clara identidad sexual son cualidades que nos convierten en un candidato(a) interesante y atractivo(a), sin perder de vista que estas son estrategias que utilizaremos temporalmente, hasta que la relación se defina.

Por contraste está el chico bueno o chica buena. Pero, quien es? Como es? Estoy seguro de la mayoría de los lectores de este libro se sentirán mucho más identificados con este arquetipo psicológico. Es justamente aquí cuando vuelve a actuar la disonancia cognitiva, ya que podemos decir abiertamente que buscamos a alguien bueno como pareja, pero ese alguien no nos resulta atractivo(a) cuando la encontramos por primera vez. Conduje una encuesta en 50 mujeres y 50 hombres en el rango de edad de los 30 a los 50 años. La pregunta era como describirían a un chico bueno o a una chica buena. Las características más resaltantes fueron: Débil, predecible, sustituible, controlable, no atractivo. Entonces no se trata de ser malo, se trata de comprender que la psicología de las relaciones interpersonales es profundamente compleja y que a menudo nos sentimos irremediablemente atraídos por rasgos que pueden ir en contradicción directa con nuestro sentido común. A menudo mis clientes me preguntan que si esto no es engaño o manipulación. Yo les respondo que deben ver la conquista como un juego y seguir sus reglas. Además los convencionalismos sociales están llenos de estos pequeños engaños o manipulaciones. Por ejemplo: no es cierto que cuando conocemos a alguien mostramos nuestra mejor cara? o hacemos regalos como flores, cenas, etc. Yo te pregunto: le regalas flores a tu mejor amigo? Entonces, aceptemos que en esa interacción inicial siempre va a haber algo de actuación, contradicción e interés. Ambas partes están actuando en pos de un objetivo. Es un juego, disfrútalo y diviértete.

El arquetipo del chico malo es otro ejemplo de la disonancia cognitiva. En mi investigación para este libro me tope con varios experimentos, algunos sociológicos y otros neurobiológicos. El común denominador entre los dos fue que ambos sexos demostraban una contradicción entre aquello que decían desear en una pareja ideal y aquello que realmente les atraía.

El caso de las mujeres es bastante gráfico. La descripción

de su pareja ideal mostraba rasgos de personalidad propios de otra mujer, tales como, sensible, delicado, romántico, que sepa escuchar, en contacto con su emocionalidad, etc. Pero al ser confrontadas con personajes ficticios extraídos de la cultura cinematográfica, la respuesta unánime fue: ese personaje no es atractivo. Simplificando, los hombres buscamos belleza y simetría como garantía de descendencia sana. Las mujeres buscan seguridad y valor social para sentirse validadas y protegidas.

Como ejercicio para entender estos complejos arquetipos les propongo que piensen en una persona extremadamente atractiva y ahora visualícense a ustedes mismos como esa persona. ¿Cuantas veces al día piensan ustedes que esa persona es abordada, halagada, o simplemente mirada con ojos sugestivos? ¿Entienden ahora porqué la gente tan atractiva tiende a mostrarse distante y cautelosa? La próxima vez que estés interactuando con alguien así, asume tú la conducta de "diva" y veras la confusión que esto ocasiona en tu interlocutor. Esta inversión momentánea de roles nos ayuda a comprender mejor la psique de la gente bella y cuidarnos de no caer en sus trampas.

Capítulo XII

Donde Buscar

Este es un tema muy controversial ya que existe tanta variedad de opciones como de personas. El asunto es que no todo funciona para todos, así que les proporcionare varias alternativas eficaces de las que ustedes podrían elegir, teniendo el cuenta que sus fortalezas o debilidades pueden inclinarlos hacia alguna en particular.

La opción más utilizada por los solteros y divorciados son los sitios nocturnos. Bares y restaurantes de moda. Yo particularmente pienso que estos ambientes presentan más obstáculos que ventajas. Generalmente hay mucha competencia, el volumen de la música es alto, es difícil establecer una conversación, etc. Sin embargo, esta es solo mi opinión, conozco mucha gente que frecuenta estos ambientes y son exitosos conociendo gente nueva continuamente.

Luego están los eventos temáticos. A las mujeres les recomiendo todas las exposiciones y ferias de caza, pesca, lanchas, motos y autos. Con toda seguridad en esos sitios habrá un público mayoritariamente masculino y un ambiente cómodo y relajado para interactuar. Igualmente, a los hombres les recomiendo cualquier evento que tenga que ver con moda, maquillaje y decoración.

Además están los ambientes cotidianos como supermercados, farmacias y centros comerciales donde podemos abordar a alguien con facilidad y naturalidad siempre y cuando lo hagamos teniendo en cuenta el sistema DAS (Diversión, aprendizaje y selección).

Por otra parte existe una amplia variedad de sitios de citas por Internet. Este es un método que ha crecido vertiginosamente en los últimos años, hasta el punto en que hoy en día el 13% de las parejas en Estados Unidos se conocen por esta vía. Este fenómeno se debe a que el acelerado ritmo de la vida moderna nos deja cada vez menos tiempo para socializar y a través de este medio se puede establecer contacto con personas de gustos y valores similares en corto tiempo y con un ahorro significativo de energía y dinero. Claro está que este sistema también tiene sus detractores, ya que por su naturaleza anónima ofrece una oportunidad para depredadores sexuales y otros tipos de personas inescrupulosas que pululan en el mundo virtual.

También existe un novedoso sistema conocido como "Speed Dating" en el cual un grupo de hombres y mujeres se encuentran en un lugar acordado para tener citas cortas (generalmente de 10 minutos). Esto permite conocer a varias personas en una sola noche y decidir si existen suficientes afinidades para promover una cita posterior al evento. Yo personalmente recomiendo este método, ya que es una forma amena y segura de interactuar con otras personas que comparten el propósito de conseguir pareja.

Lo importante es salirnos de nuestra "zona de confort". De lo contrario nuestro universo se encoge y con él nuestras posibilidades de conocer gente nueva.

Capítulo XIII

Estableciendo una relación

Si llegaste hasta este capítulo significa que estas tomando en serio el hecho de cambiar tu visión de las relaciones interpersonales, por eso te felicito. Pero aún si tienes éxito superando esos tres primeros encuentros y logras conquistar a la persona deseada, conviene hablar un poco de lo que hace funcionar a una relación sentimental.

En primer lugar esta lógicamente la atracción física. Eso que llamamos química, que puede ser muy engañoso porque nos puede inducir a vincularnos físicamente con personas que no necesariamente comulgan con nuestras creencias y valores. Pero vamos a asumir que conoces a alguien y ambos sienten química por el otro, pues maravilloso! Buen comienzo! Ahora es importante establecer la segunda parte de la relación que son las afinidades. Desde luego que hablamos de aéreas como nivel de educación, cultura, valores familiares y morales. Pero no todo es intelectual. Las afinidades abarcan aéreas que se rigen también por el cerebro emocional, tales como gustos, preferencias, hábitos, sueños y fantasías. Esta comunión de afinidades es de vital importancia para una relación sana y conviene mantener el equilibrio entre la química y las afinidades. Una relación demasiado fogosa tiende a consumirse en su propia llama y despues comienzan los problemas por la ausencia de afinidades. Una relación con grandes afinidades pero sin pasión se convierte rápidamente en un tedioso vínculo intelectual que lleva inevitablemente al hastío. Entonces buscamos una relación con ambos elementos en equilibrio. Luego surge un tercer elemento que es la solidaridad, solo que este no puede existir en una relación que apenas comienza. La solidaridad se va construyendo a través de la complicidad, la confianza y el respeto que se generan con el tiempo. Es un subproducto de la armonía que se logra del balance entre la química y la afinidad en el tiempo. Porque es precisamente esa, la prueba máxima, la prueba del tiempo, la más difícil de superar.

Capítulo XIV

Manteniendo la relación

He investigado profusamente el difícil proceso de mantener la armonía en una relación afectiva. Entre los aportes más importantes que he encontrado está el de Gary Chapman, un consejero matrimonial norteamericano que ha escrito varios libros sobre el tema. Tomo prestados sus planteamiento acerca de los 5 lenguajes del amor: Verbal, regalos, tiempo de calidad, favores y contacto físico. Chapman afirma que conviene conocer cuál de estos lenguajes es más importante para cada miembro de la pareja, ya que así podremos reforzar la relación a través del lenguaje escogido. Ilustremos el concepto con una pareja en la cual ella es verbal y el es físico (ese es el caso más frecuente). Si él lo sabe podrá validar a su mujer con palabras de apoyo, halagos, conversaciones profundas, etc. Y lógicamente ella sabrá que él apreciará sus abrazos, besos, mimos y evidentemente el contacto íntimo. De esta forma ambos refuerzan su afecto por el otro de una manera que es bien recibida y apreciada.

Ahora pongamos un ejemplo menos convencional. Digamos que tenemos una pareja en la que ella valora el tiempo de calidad y él en cambio los favores. Aun si entre ellos existieran expresiones de afecto continuas y buena vida sexual, es posible que también hubiera abundancia de conflicto, ya que ella no estaría logrando que ambos pasasen suficiente tiempo juntos y él notaría que ella descuida los pequeños detalles que él le solicita cotidianamente. Entonces teniendo en cuenta estos 5 lenguajes del amor, hay que determinar cuál es el más importante para cada uno de los miembros de la pareja y eso nos servirá como una herramienta de comunicación y de validación recíproca que retroalimenta la relación.

Además existen ciertas recomendaciones que son bastante universales y otras que son específicas para cada sexo.

a) Manifiesta gratitud y apreciación.-

La psicología moderna ha establecido que el mejor método de incentivar cualquier conducta es a través de la ponderación y el refuerzo positivo. Esto es vàlido en niños y adultos. Hagan la prueba: Háganle saber a su pareja acerca de lo mucho que les agradó una acción o gesto de su parte por simple que parezca. Pronto observarán que esa acción o gesto se repite con mayor frecuencia. A menudo la cotidianidad nos insensibiliza acerca de las innumerables acciones que nuestras parejas hacen en función de nuestro bienestar. Conviene estar atento a todos esos detalles y hacerlos valer.

b) Evita la trampa de la culpa.-

Lo contrario del reconocimiento es la culpa. La vida no es fácil y a veces nos pasan cosas que no son de nuestro agrado. Pero si en lugar de quejarnos y achacarle la culpa a nuestra pareja, asumimos la responsabilidad del suceso y pasamos la página, la convivencia se hara mucho mas llevadera.

c) Separa hechos de percepción.-

Este es unos de los principios más elementales como herramienta de vida pero al mismo tiempo es uno de los más abusados. Cuantas veces no nos sorprendemos a nosotros mismos tejiendo historias fantásticas en nuestra mente acerca de un episodio o una simple diferencia de opinión.

En este caso mi recomendación es simple. Si tienes dudas, pregunta y aclara. Así tendrás los hechos ciertos y no lo que tu pensaste, interpretaste o dedujiste.

72

d) Mantén tu apariencia.-

Es muy común caer en la tentación de la comodidad cuando ya hemos encontrado pareja y entrar en la espiral de la confianza excesiva. Esto nos puede llevar a descuidar nuestra apariencia y nuestras conductas hasta convertirnos en personas muy diferentes a las que nuestras parejas escogieron. Recuerda que en la dinámica social no hay nada 100% seguro. Es bueno tener esto presente para dar la importancia que se merece a nuestro cuidado personal. Sigue siendo siempre el trofeo que él o ella ganó en la conquista!

e) Ellas: No traten de cambiarlos.-

Esta es una fantasía esencialmente femenina. Cuantas veces no hemos escuchado: "si él es así, pero estoy segura de que va a cambiar". La verdad es otra: nadie cambia por nadie. Cuando una persona decide cambiar lo hace por y para sí misma y generalmente esta decisión es consecuencia de una crisis. Así que mi consejo para las damas es muy simple. Si les gusta lo que ven, adelante. Si no, entonces es mejor que se adapten a lo que tienen o busquen otras opciones.

f) Ellos: Acepten que ellas cambiaran.

La naturaleza femenina es voluble e inquieta. Cuando un hombre elige a una mujer como su pareja lo hace desde la premisa que es la persona ideal para él, tal y como es. Pero resulta que esto tiene fecha de caducidad, porque las mujeres son como olas, van y vienen, suben y bajan. Siempre están abiertas al cambio y a la evolución. Si aceptamos esta realidad, nos resultara más fácil sobrellevar esas oscilaciones y devaneos de nuestra pareja. Debemos renunciar a querer suplir todas sus necesidades emocionales. Esto es simplemente imposible y solo nos producirá frustración. Las mujeres buscan apoyo en su familia, sus amigas y en cualquier pilar de su sistema de apoyo. Tu como su pareja eres uno de esos pilares pero no el único.

g) Ellos: Escuchen.

Los hombres a menudo tendemos a oír sin escuchar, especialmente cuando se trata de nuestra pareja. Las mujeres necesitan ser escuchadas. Debemos aprender a estar presentes y atentos cuando ellas lo solicitan. Para la mujer ser escuchada es ser apreciada y validada. Y no se trata de ofrecer soluciones a sus planteamientos. No lo hagas a menos de que sean solicitados en forma explícita. Con frecuencia, después de una "sesión de catarsis verbal" tu pareja se sentirá aliviada y agradecerá tu apoyo.

h) Ellas: Déjenlos ser.

Este punto es el equivalente del anterior para las mujeres pero con una salvedad. Cuando una mujer, luego de escuchar a su pareja le ofrece una solución, produce un enorme malestar en el hombre. Esto se debe a que los hombres hemos sido aleccionados tanto genéticamente como sociológicamente para solucionar problemas. Al ofrecer una solución a su hombre, la mujer lo hará sentir inadecuado y poco competente. El hombre se sentirá abrumado por un sentimiento de inseguridad y resentirá el hecho de que su pareja no confía en su capacidad de resolver problemas. Claro está que todo esto ocurre a un nivel subconsciente pero el resultado será el resentimiento y el distanciamiento por parte del hombre.

i) Ellos: El romance es una decisión.

Es una máxima que el comienzo de una relación está repleto de atenciones, detalles y momentos especiales. Luego viene el inevitable período de asentamiento donde la relación se consolida y los miembros de la pareja comienzan a amarse tal cual son.

74

Los hombres no tenemos problemas con eso pero las mujeres siempre albergan una mayor carga romántica que los hombres. Es por eso que comenzamos a escuchar frases tales como: "ya nunca me regalas flores" o "ya casi nos salimos". Aquí es necesario hacer un acto de constricción y entender que los hombres somos mas prácticos y cómodos que las mujeres. Pero si sabemos que para ellas es importante mantener vivo el romance ¿porqué no hacer un esfuerzo para mantenerlas contentas? Velas, incienso, música, bebidas, masajes, imágenes, cenas, fines de semana, etc. El menú de opciones es amplio si invertimos algo de imaginación. Existe mucha información disponible en internet además de numerosas publicaciones especializadas en este tema.

Epìlogo

Un toque de humor.

El tiempo decide a quienes tu encontrarás en tu vida..Tu corazón decide a quienes tu quieres en tu vida... pero tu conducta decide quienes se quedarán en tu vida..."

LAS 10 PALABRAS MAS USADAS POR LAS MUJERES

1) BIEN: esta es la palabra que usan las mujeres para terminar una discusión cuando creen que tienen razón y tú tienes que quedarte callado.

2) 5 MINUTOS: si la mujer se está vistiendo significa media hora. Si tú estás jugando un video juego o viendo el partido, y tienes que salir o hacer otra cosa son sólo 5 minutos.

3) NADA: La calma antes de la tempestad. Quiere decir algo... y deberías estar alerta. Discusiones que empiezan con NADA normalmente terminan con BIEN (mira el 1).

4) HAZ LO QUE QUIERAS: es un desafío, no un permiso. No lo hagas.

5) GRAN SUSPIRO: es como una palabra pero no verbal, muy a menudo los hombres no lo saben interpretar. Un GRAN SUSPIRO significa que ella piensa que eres un idiota y se pregunta por qué está perdiendo su tempo peleando contigo discutiendo sobre NADA (mira el 3).

6) OK: Es una de las palabras más peligrosas que una mujer puede decir a un hombre. Significa que una mujer necesita pensar muy bien antes de decidir cómo y cuándo hacértelas pagar.

7) GRACIAS: Una mujer te agradece; no hagas preguntas o no te desmayes; quiere solo dar las gracias (pero si dice MUCHAS GRACIAS es puro sarcasmo y no te está dando las gracias de verdad).

8) COMO QUIERAS: es el modo gentil de la mujer para decir: me las vas a pagar.

9) NO TE PREOCUPES QUE YO LO HAGO: otra frase peligrosa; significa que una mujer pidió a un hombre algo algunas veces pero se tuvo que dar por vencida y le tocó hacerlo a ella misma. Esto llevara al hombre a preguntar Pero que hice de malo? La respuesta de la mujer es el punto número 3.

10) ¿QUIEN ES?: esta es solo una simple pregunta.. Recuerda pero que cada vez que una mujer te pregunta "quién es" en realidad te está preguntando: "¿QUIEN ES ESA CUALQUIERA Y QUE ES LO QUE QUIERE CONTIGO?",ojo a lo que contestas.

Y para demostrar mi imparcialidad por ambos géneros y la complejidad de la dinámica social, cerraré con un chiste feminista:

Un hombre se acerca a la bibliotecaria y le pregunta:

Señorita, ¿Dónde está el libro "Hombre, un ser perfecto"? Y

ella le contesta:

Allá al fondo, en la categoría de ciencia-ficción.

En pirmer lurgra te fecilito por habr leiod mi libor. Pero te infromo que las pesroans que neciseatn sxeo ugrenetmnte son cpaceaz de leer plabaraz anuuqe stnen mal ecstritas. Asi que sal aroah y emiepsa a coqnistar!!!!!

Como apoyo a los lectores de esta obra ofrezco mi sitio web www.unocoaching.com allí podrán encontrar toda la información referente a como establecer contacto con nosotros para mantenerse actualizados en actividades relacionadas a este tema.

Notas del lector:

Lorenzo Campins

Este libro es un manual práctico para todos aquellos hombres y mujeres que quieran mejorar su interacción con el sexo opuesto.
A través del coaching el autor presenta una serie de nuevos paradigmas para remplazar los viejos condicionamientos que nos limitan y a veces hasta nos paralizan.
El reto será salir de la "zona de confort" para poder lograr los resultados deseados.
¿Qué harías hoy si supieras que no puedes fracasar con el sexo opuesto?

Caracas, Marzo 2012

www.ingramcontent.com/pod-product-compliance
Lightning Source LLC
Chambersburg PA
CBHW051358280526
45784CB00007B/3010